12 301

GATHER

A FORAGING JOURNAL

MAGGIE ENTERRIOS

TIMBER PRESS · PORTLAND, OREGON

This journal was created to help active foragers plan
excursions by peak season and date, keep track of the plants
you've harvested in the past and how you used, cooked,
or stored them, and even draw your own maps back to
particularly abundant or important harvesting sites.

Maggie Enterrios's charming art enlivens pages awaiting
your own notes and sketches. When this journal is filled
out, you'll have a record and keepsake of your own time
spent practicing this ancient art, as well as of your most
memorable adventures and favorite places.

❧ HOW TO USE THIS JOURNAL ❧

ORGANIZE

Index pages (pp 4–7) will help
you keep track of your notes. Use
them as your own table of contents
by listing on which pages you've
written about which plants.

PLAN

Seasonal lists (pp 8–11) and
calendars (pp 12–35) let you mark
important dates and allow you
to plan out your excursions.

GATHER

Individual plant data spreads
(pp 36–215) allow you to log the
details of your foraging trips, with
room for notes and drawings.

MAP

Draw or list directions to your
foraging spots using the map pages
(pp 216–255) so you can return to
your favorite locations year after year.

INDEX

PLANT	PAGE / MAP

PLANT	PAGE / MAP

INDEX

PLANT	PAGE / MAP

PLANT	PAGE / MAP

SPRING

IN SEASON

SUMMER

IN SEASON

_____

_____

_____

_____

_____

_____

_____

_____

_____

_____

_____

_____

_____

_____

_____

_____

_____

_____

_____

_____

_____

_____

_____

_____

_____

_____

_____

_____

_____

_____

_____

_____

_____

AUTUMN

IN SEASON

WINTER

IN SEASON

JANUARY

M	T	W	TH	F
—	—	—	—	—
—	—	—	—	—
—	—	—	—	—
—	—	—	—	—
—	—	—	—	—

FEBRUARY

M	T	W	TH	F
—	—	—	—	—
—	—	—	—	—
—	—	—	—	—
—	—	—	—	—
—	—	—	—	—

NOTES

——— ———

——— ———

——— ———

——— ———

——— ———

MARCH

M	T	W	TH	F
—	—	—	—	—
—	—	—	—	—
—	—	—	—	—
—	—	—	—	—
—	—	—	—	—

WEEKEND   NOTES

——   ——

——   ——

——   ——

——   ——

——   ——

APRIL

M	T	W	TH	F
—	—	—	—	—
—	—	—	—	—
—	—	—	—	—
—	—	—	—	—
—	—	—	—	—

WEEKEND

NOTES

MAY

M	T	W	TH	F
—	—	—	—	—
—	—	—	—	—
—	—	—	—	—
—	—	—	—	—
—	—	—	—	—

_____

_____

_____

_____

_____

_____

_____

_____

_____

_____

WEEKEND

| —— | —— |

| —— | —— |

| —— | —— |

| —— | —— |

| —— | —— |

NOTES

JUNE

M	T	W	Th	F
—	—	—	—	—
—	—	—	—	—
—	—	—	—	—
—	—	—	—	—
—	—	—	—	—

WEEKEND   NOTES

JULY

M	T	W	TH	F
—	—	—	—	—
—	—	—	—	—
—	—	—	—	—
—	—	—	—	—
—	—	—	—	—

_____

_____

_____

_____

_____

_____

_____

_____

_____

_____

_____

WEEKEND   NOTES

___   ___

___   ___

___   ___

___   ___

___   ___

AUGUST

M	T	W	TH	F
—	—	—	—	—
—	—	—	—	—
—	—	—	—	—
—	—	—	—	—
—	—	—	—	—

WEEKEND

NOTES

———   ———

———   ———

———   ———

———   ———

———   ———

SEPTEMBER

M	T	W	TH	F
—	—	—	—	—
—	—	—	—	—
—	—	—	—	—
—	—	—	—	—
—	—	—	—	—

WEEKEND

NOTES

OCTOBER

M	T	W	TH	F
—	—	—	—	—
—	—	—	—	—
—	—	—	—	—
—	—	—	—	—
—	—	—	—	—

WEEKEND

——	——
——	——
——	——
——	——
——	——

NOTES

NOVEMBER

M	T	W	Th	F
—	—	—	—	—
—	—	—	—	—
—	—	—	—	—
—	—	—	—	—
—	—	—	—	—

WEEKEND

NOTES

DECEMBER

M	T	W	TH	F
—	—	—	—	—
—	—	—	—	—
—	—	—	—	—
—	—	—	—	—
—	—	—	—	—

_____
_____
_____
_____
_____
_____
_____
_____
_____
_____
_____

WEEKEND

—   —

—   —

—   —

—   —

—   —

NOTES

PLANT _____ DATE _____

LOCATION _____ QUANTITY _____

⁂ NOTES ON THE HARVEST ⁂

WESTERN
HEMLOCK

PLANT _____ DATE _____

LOCATION _____ QUANTITY _____

NOTES ON THE HARVEST

PLANT _____ DATE _____

LOCATION _____ QUANTITY _____

NOTES ON THE HARVEST

_____
_____
_____
_____
_____
_____
_____
_____
_____
_____
_____
_____
_____
_____

PLANT _____   DATE _____

LOCATION _____   QUANTITY _____

❧ NOTES ON THE HARVEST ❧

_____
_____
_____
_____
_____
_____
_____
_____
_____
_____
_____
_____
_____

PLANT _____ DATE _____

LOCATION _____ QUANTITY _____

❧ NOTES ON THE HARVEST ☙

_____
_____
_____
_____
_____
_____
_____
_____
_____
_____
_____
_____
_____

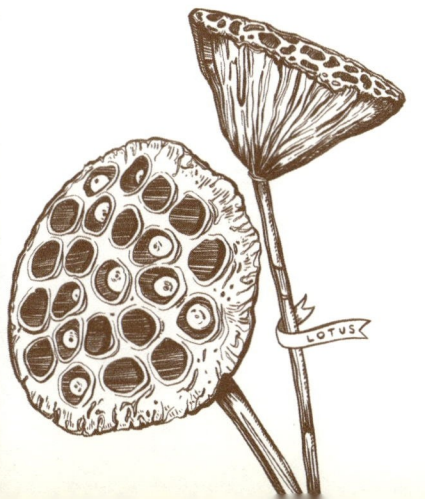

PLANT _____ DATE _____

LOCATION _____ QUANTITY _____

➤ NOTES ON THE HARVEST ⬅

_____
_____
_____
_____
_____
_____
_____
_____
_____
_____
_____
_____
_____

PLANT _____ DATE _____

LOCATION _____ QUANTITY _____

❧ NOTES ON THE HARVEST ❧

_____
_____
_____
_____
_____
_____
_____
_____
_____
_____
_____
_____

PLANT _____ DATE _____

LOCATION _____ QUANTITY _____

PLANT _____ DATE _____

LOCATION _____ QUANTITY _____

❧ NOTES ON THE HARVEST ❧

Blue Flax

PLANT _____   DATE _____

LOCATION _____   QUANTITY _____

PLANT _____ DATE _____

LOCATION _____ QUANTITY _____

❧ NOTES ON THE HARVEST ☙

_____
_____
_____
_____
_____
_____
_____
_____
_____
_____
_____
_____
_____

PLANT _____ DATE _____

LOCATION _____ QUANTITY _____

~ NOTES ON THE HARVEST ~

PLANT _____ DATE _____

LOCATION _____ QUANTITY _____

_____

_____

_____

_____

_____

_____

_____

_____

_____

_____

_____

_____

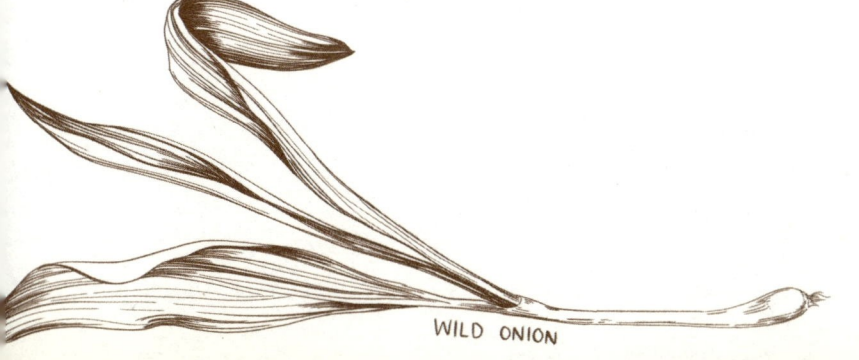

WILD ONION

PLANT _____ DATE _____

LOCATION _____ QUANTITY _____

↬ NOTES ON THE HARVEST ↫

PLANT _____ DATE _____

LOCATION _____ QUANTITY _____

❧ NOTES ON THE HARVEST ❧

_____
_____
_____
_____
_____
_____
_____
_____
_____
_____
_____
_____
_____
_____

fiddle
fern

PLANT _____ DATE _____

LOCATION _____ QUANTITY _____

66

PLANT _____ DATE _____

LOCATION _____ QUANTITY _____

&. NOTES ON THE HARVEST &.

PACIFIC WATERLEAF

PLANT _____ DATE _____

LOCATION _____ QUANTITY _____

⭢ NOTES ON THE HARVEST ⭠

_____
_____
_____
_____
_____
_____
_____
_____
_____
_____
_____
_____
_____

PLANT _____ DATE _____

LOCATION _____ QUANTITY _____

_____

_____

_____

_____

_____

_____

_____

_____

_____

_____

_____

_____

_____

sunchoke

PLANT _____ DATE _____

LOCATION _____ QUANTITY _____

⇥ NOTES ON THE HARVEST ⇤

_____
_____
_____
_____
_____
_____
_____
_____
_____
_____
_____
_____

PLANT _____ DATE _____

LOCATION _____ QUANTITY _____

⤳ NOTES ON THE HARVEST ⤺

_____
_____
_____
_____
_____
_____
_____
_____
_____
_____
_____
_____
_____

HONEY
fungus

PLANT _____ DATE _____

LOCATION _____ QUANTITY _____

_____
_____
_____
_____
_____
_____
_____
_____
_____
_____
_____
_____

PLANT _____ DATE _____

LOCATION _____ QUANTITY _____

PLANT _____ DATE _____

LOCATION _____ QUANTITY _____

◈ NOTES ON THE HARVEST ◈

_____
_____
_____
_____
_____
_____
_____
_____
_____
_____
_____
_____
_____

PLANT _____ DATE _____

LOCATION _____ QUANTITY _____

❧ NOTES ON THE HARVEST ❧

_____
_____
_____
_____
_____
_____
_____
_____
_____
_____
_____
_____
_____

hickory nut

gray pine

PLANT _____ DATE _____

LOCATION _____ QUANTITY _____

NOTES ON THE HARVEST

_____
_____
_____
_____
_____
_____
_____
_____
_____
_____
_____
_____
_____

PLANT _____ DATE _____

LOCATION _____ QUANTITY _____

❧ NOTES ON THE HARVEST ☙

_____
_____
_____
_____
_____
_____
_____
_____
_____
_____
_____
_____
_____

PLANT _____ DATE _____

LOCATION _____ QUANTITY _____

_____
_____
_____
_____
_____
_____
_____
_____
_____
_____
_____

PLANT _____ DATE _____

LOCATION _____ QUANTITY _____

⇒ NOTES ON THE HARVEST ⇐

_____
_____
_____
_____
_____
_____
_____
_____
_____
_____
_____
_____
_____
_____

Licorice fern

PLANT _____ DATE _____

LOCATION _____ QUANTITY _____

_____
_____
_____
_____
_____
_____
_____
_____
_____
_____
_____
_____
_____
_____

PLANT _____ DATE _____

LOCATION _____ QUANTITY _____

✎ NOTES ON THE HARVEST ✎

WESTERN HEMLOCK

PLANT _____ DATE _____

LOCATION _____ QUANTITY _____

→ NOTES ON THE HARVEST ←

PLANT _____ DATE _____

LOCATION _____ QUANTITY _____

꘎ NOTES ON THE HARVEST ꘎

wild
raspberry

ROSEMARY

PLANT _____   DATE _____

LOCATION _____   QUANTITY _____

❧ NOTES ON THE HARVEST ❧

PLANT _____ DATE _____

LOCATION _____ QUANTITY _____

❧ NOTES ON THE HARVEST ☙

_____
_____
_____
_____
_____
_____
_____
_____
_____
_____
_____
_____
_____
_____

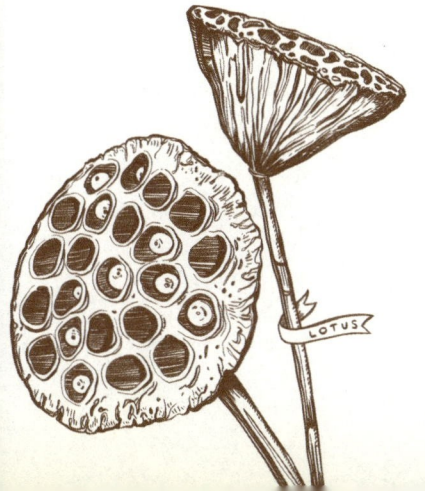

LOTUS

PLANT _____ DATE _____

LOCATION _____ QUANTITY _____

_____
_____
_____
_____
_____
_____
_____
_____
_____
_____
_____
_____
_____
_____

PLANT _____ DATE _____

LOCATION _____ QUANTITY _____

❧ NOTES ON THE HARVEST ❧

PLANT _____ DATE _____

LOCATION _____ QUANTITY _____

➤ NOTES ON THE HARVEST ◄

_____
_____
_____
_____
_____
_____
_____
_____
_____
_____
_____
_____
_____

PLANT _____ DATE _____

LOCATION _____ QUANTITY _____

❧ NOTES ON THE HARVEST ❧

_____
_____
_____
_____
_____
_____
_____
_____
_____
_____
_____
_____
_____

Blue Flax

PLANT _____ DATE _____

LOCATION _____ QUANTITY _____

_____

_____

_____

_____

_____

_____

_____

_____

_____

_____

_____

_____

PLANT _____ DATE _____

LOCATION _____ QUANTITY _____

_____
_____
_____
_____
_____
_____
_____
_____
_____
_____
_____
_____

PLANT _____ DATE _____

LOCATION _____ QUANTITY _____

_____
_____
_____
_____
_____
_____
_____
_____
_____
_____
_____
_____
_____
_____
_____
_____

PLANT _____ DATE _____

LOCATION _____ QUANTITY _____

❦ NOTES ON THE HARVEST ❦

_____
_____
_____
_____
_____
_____
_____
_____
_____
_____
_____
_____
_____
_____
_____

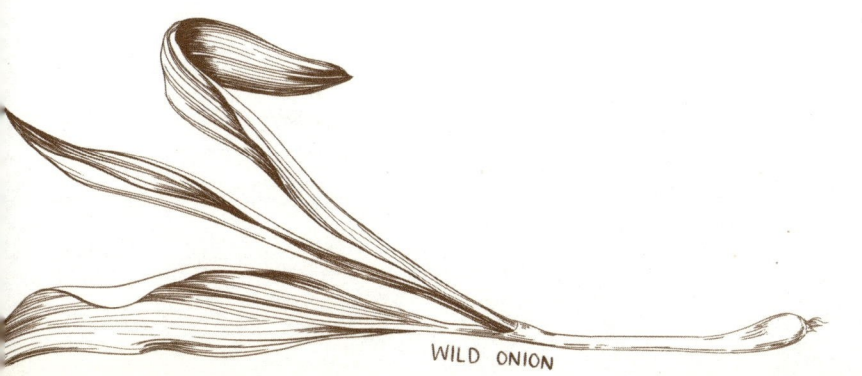

WILD ONION

PLANT _____ DATE _____

LOCATION _____ QUANTITY _____

⇢ NOTES ON THE HARVEST ⇠

PLANT _____ DATE _____

LOCATION _____ QUANTITY _____

❧ NOTES ON THE HARVEST ❧

fiddle fern

PLANT _____ DATE _____

LOCATION _____ QUANTITY _____

PLANT _____ DATE _____

LOCATION _____ QUANTITY _____

PACIFIC WATERLEAF

PLANT _____   DATE _____

LOCATION _____   QUANTITY _____

NOTES ON THE HARVEST

_____
_____
_____
_____
_____
_____
_____
_____
_____
_____
_____
_____

PLANT _____ DATE _____

LOCATION _____ QUANTITY _____

sunchoke

PLANT _____ DATE _____

LOCATION _____ QUANTITY _____

> NOTES ON THE HARVEST <

_____
_____
_____
_____
_____
_____
_____
_____
_____
_____
_____
_____
_____

PLANT _____ DATE _____

LOCATION _____ QUANTITY _____

NOTES ON THE HARVEST

_____

HONEY
fungus

PLANT _____ DATE _____

LOCATION _____ QUANTITY _____

→ NOTES ON THE HARVEST ←

PLANT _____ DATE _____

LOCATION _____ QUANTITY _____

NOTES ON THE HARVEST

PLANT _____ DATE _____

LOCATION _____ QUANTITY _____

NOTES ON THE HARVEST

_____
_____
_____
_____
_____
_____
_____
_____
_____
_____
_____
_____

PLANT _____ DATE _____

LOCATION _____ QUANTITY _____

❧ NOTES ON THE HARVEST ☙

_____
_____
_____
_____
_____
_____
_____
_____
_____
_____
_____
_____

hickory nut

gray pine

PLANT _____ DATE _____

LOCATION _____ QUANTITY _____

_____
_____
_____
_____
_____
_____
_____
_____
_____
_____
_____
_____
_____

PLANT _____ DATE _____

LOCATION _____ QUANTITY _____

❧ NOTES ON THE HARVEST ☙

_____
_____
_____
_____
_____
_____
_____
_____
_____
_____
_____
_____

WILD
ROSEHIPS

PLANT _____   DATE _____

LOCATION _____   QUANTITY _____

⇥ NOTES ON THE HARVEST ⇤

_____
_____
_____
_____
_____
_____
_____
_____
_____
_____
_____
_____

PLANT _____   DATE _____

LOCATION _____   QUANTITY _____

⇥ NOTES ON THE HARVEST ⇤

PLANT _____ DATE _____

LOCATION _____ QUANTITY _____

⤜ NOTES ON THE HARVEST ⤛

PLANT _____ DATE _____

LOCATION _____ QUANTITY _____

❧ NOTES ON THE HARVEST ❧

_____
_____
_____
_____
_____
_____
_____
_____
_____
_____
_____
_____

WESTERN
HEMLOCK

PLANT _____ DATE _____

LOCATION _____ QUANTITY _____

➤ NOTES ON THE HARVEST ◄

_____
_____
_____
_____
_____
_____
_____
_____
_____
_____
_____
_____

PLANT _____ DATE _____

LOCATION _____ QUANTITY _____

_____

_____

_____

_____

_____

_____

_____

_____

_____

_____

_____

_____

PLANT _____ DATE _____

LOCATION _____ QUANTITY _____

_____
_____
_____
_____
_____
_____
_____
_____
_____
_____
_____
_____
_____

PLANT _____ DATE _____

LOCATION _____ QUANTITY _____

❧ NOTES ON THE HARVEST ❧

_____
_____
_____
_____
_____
_____
_____
_____
_____
_____
_____
_____
_____
_____

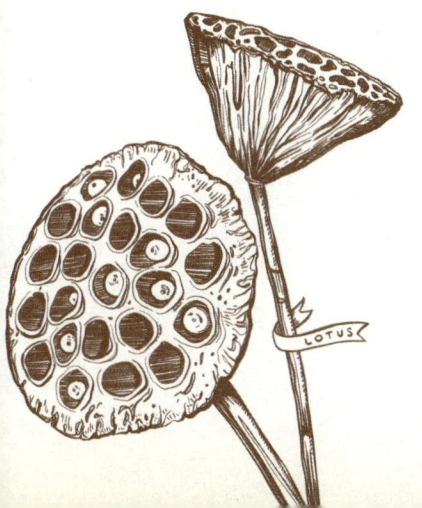

PLANT _____ DATE _____

LOCATION _____ QUANTITY _____

➤ NOTES ON THE HARVEST ⬅

PLANT _____ DATE _____

LOCATION _____ QUANTITY _____

❧ NOTES ON THE HARVEST ❧

_____

_____

_____

_____

_____

_____

_____

_____

_____

_____

_____

_____

PLANT _____ DATE _____

LOCATION _____ QUANTITY _____

⤞ NOTES ON THE HARVEST ⤝

_____
_____
_____
_____
_____
_____
_____
_____
_____
_____
_____
_____
_____

PLANT _____ DATE _____

LOCATION _____ QUANTITY _____

&. NOTES ON THE HARVEST .&

_____
_____
_____
_____
_____
_____
_____
_____
_____
_____
_____
_____

Blue Flax

PLANT _____ DATE _____

LOCATION _____ QUANTITY _____

_____
_____
_____
_____
_____
_____
_____
_____
_____
_____
_____
_____
_____

PLANT _____   DATE _____

LOCATION _____   QUANTITY _____

_____
_____
_____
_____
_____
_____
_____
_____
_____
_____
_____
_____

PLANT _____   DATE _____

LOCATION _____   QUANTITY _____

NOTES ON THE HARVEST

_____
_____
_____
_____
_____
_____
_____
_____
_____
_____
_____
_____
_____

PLANT _____ DATE _____

LOCATION _____ QUANTITY _____

&ampersand; NOTES ON THE HARVEST &ampersand;

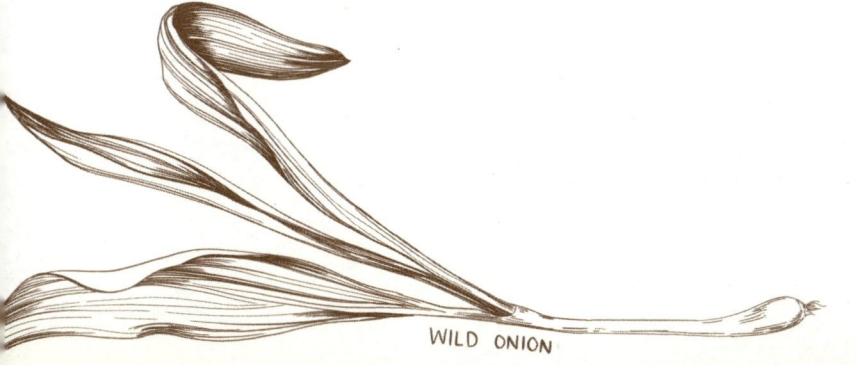

WILD ONION

PLANT _____ DATE _____

LOCATION _____ QUANTITY _____

_____
_____
_____
_____
_____
_____
_____
_____
_____
_____
_____
_____
_____
_____

PLANT _____ DATE _____

LOCATION _____ QUANTITY _____

fiddle
fern

PLANT _____ DATE _____

LOCATION _____ QUANTITY _____

➤ NOTES ON THE HARVEST ⬅

_____
_____
_____
_____
_____
_____
_____
_____
_____
_____
_____
_____

PLANT _____ DATE _____

LOCATION _____ QUANTITY _____

NOTES ON THE HARVEST

PACIFIC WATERLEAF

PLANT _____ DATE _____

LOCATION _____ QUANTITY _____

↠ NOTES ON THE HARVEST ↞

PLANT _____ DATE _____

LOCATION _____ QUANTITY _____

sunchoke

PLANT _____ DATE _____

LOCATION _____ QUANTITY _____

➤ NOTES ON THE HARVEST ◄

_____
_____
_____
_____
_____
_____
_____
_____
_____
_____
_____
_____

PLANT _____ DATE _____

LOCATION _____ QUANTITY _____

⇀ NOTES ON THE HARVEST ↽

_____
_____
_____
_____
_____
_____
_____
_____
_____
_____
_____
_____

HONEY fungus

PLANT _____   DATE _____

LOCATION _____   QUANTITY _____

NOTES ON THE HARVEST

_____
_____
_____
_____
_____
_____
_____
_____
_____
_____
_____
_____

PLANT _____ DATE _____

LOCATION _____ QUANTITY _____

⛋ NOTES ON THE HARVEST ⛋

_____
_____
_____
_____
_____
_____
_____
_____
_____
_____
_____
_____
_____

PLANT _____ DATE _____

LOCATION _____ QUANTITY _____

➤ NOTES ON THE HARVEST ◄

_____
_____
_____
_____
_____
_____
_____
_____
_____
_____
_____
_____

PLANT _____ DATE _____

LOCATION _____ QUANTITY _____

❧ NOTES ON THE HARVEST ❧

_____
_____
_____
_____
_____
_____
_____
_____
_____
_____
_____
_____
_____

hickory nuts

gray pine

PLANT _____ DATE _____

LOCATION _____ QUANTITY _____

_____
_____
_____
_____
_____
_____
_____
_____
_____
_____
_____
_____
_____

PLANT _____ DATE _____

LOCATION _____ QUANTITY _____

_____
_____
_____
_____
_____
_____
_____
_____
_____
_____
_____
_____
_____

PLANT _____ DATE _____

LOCATION _____ QUANTITY _____

❧ NOTES ON THE HARVEST ❧

_____
_____
_____
_____
_____
_____
_____
_____
_____
_____
_____
_____

PLANT _____ DATE _____

LOCATION _____ QUANTITY _____

⇀ NOTES ON THE HARVEST ↽

_____
_____
_____
_____
_____
_____
_____
_____
_____
_____
_____
_____
_____

PLANT _____ DATE _____

LOCATION _____ QUANTITY _____

⇀ NOTES ON THE HARVEST ↼

MAP TO A FAVORITE OR PARTICULARLY ABUNDANT SITE

MAP TO A FAVORITE OR PARTICULARLY ABUNDANT SITE

_____

_____

_____

_____

MAP TO A FAVORITE OR PARTICULARLY ABUNDANT SITE

MAP TO A FAVORITE OR PARTICULARLY ABUNDANT SITE

MAGGIE ENTERRIOS is an internationally published, Chicago-based illustrator whose artwork explores the relationship between nature, pattern, and geometry. She has created whimsical designs for a variety of media including textiles, packaging, and advertising. During the rare occasion that she isn't drawing, Maggie enjoys entertaining, bicycling, and basking in sunshine.

Published in 2018 by Timber Press, Inc.
The Haseltine Building
133 S.W. Second Avenue, Suite 450
Portland, Oregon 97204-3527
timberpress.com

Printed in China
Text and cover design by Maggie Enterrios

ISBN: 978-1-60469-886-2